El viaje de su vida

Lisa Ray Turner y Blaine Ray

Written by Lisa Ray Turner and Blaine Ray
Illustrations by Laia Amela Albarran
Layout design by Nataly Valencia Bula

Published by:
TPRS Books
9830 S. 51st Street-B114
Phoenix, AZ 85044

Phone: (888) 373-1920
Fax: (888) RAY-TPRS (729-8777)
www.tprsbooks.com | info@tprsbooks.com

ISBN-10: 0-929724-49-6
ISBN-13: 978-0-929724-49-2

Índice

Capítulo 1
Una mujer misteriosa

Carlos Ayala está de viaje. Es el viaje de su vida. El viaje es un regalo de sus padres. Va a hacer el viaje con sus padres y su hermana. Su hermana se llama Teresa. Viajan en un crucero en el mar Caribe. El crucero va a la península de Yucatán en México.

Carlos, Teresa y sus padres se suben al crucero en Miami. La Florida es hermosa. No es como Cincinnati, donde vive la familia Ayala. Es un lugar tropical con muchas palmeras por todas partes.

El crucero es fabuloso. Es grande y blanco. Cuando la familia Ayala se sube al barco, ven a mucha gente. La gente lleva ropa de turista. Todos los que trabajan en el crucero llevan ropa blanca—camisas blancas y pantalones cortos. Una de las mujeres grita:

—¡Bienvenidos a La Fiesta!

—Este barco es hermoso —dice la mamá de Carlos.

Está hablando muy fuerte. Carlos tiene vergüenza porque piensa que todos pueden oír las palabras de su madre. Su voz es muy fuerte.

—Hermoso —le dice el papá de Carlos a su esposa.

—El barco se llama La Fiesta porque cada día es como una fiesta aquí —dice la mujer.

El papá se ríe y dice:

—Me gusta este barco y me gustan las fiestas.

Carlos y Teresa se miran y se ríen. Piensan que su padre es un poco loco a veces.

Todos van a sus cuartos. La familia Ayala va a su cuarto. Es muy pequeño. Las camas son muy pequeñas y hay un baño pequeño también.

Todo es azul. Carlos es muy alto. Cuando entra en el cuarto, tiene que bajar la cabeza porque la puerta no es muy alta.

—Éste es un hotel muy barato. Pero estamos en el agua —dice Carlos.

—El cuarto pequeño no es importante. La gente que va de vacaciones en un crucero no pasa mucho tiempo en el cuarto —dice la mamá de Carlos—. En el barco hay bailes, películas, buena comida y mucho más. Hay de todo aquí. No importa dónde duermas.

—Sí. En el crucero puedes comer veinticuatro horas al día. Vamos a comer ahora —dice el papá.

Él siempre tiene hambre.

—Sí, vamos. ¡Tengo hambre! —le grita Teresa.

Teresa siempre tiene hambre también. Cuando el crucero sale, todos salen a buscar comida. El barco es muy grande. Es muy difícil encontrar la comida. Hay muchas personas. Todos llevan ropa bonita y tienen caras felices. Los Ayala andan por mucho tiempo. Después de buscar por diez minutos, encuentran un restaurante. El camarero es muy grande con dientes blancos y el pelo largo y liso. Cuando los ve, les dice:

—¡Hola! ¿Qué quieren comer?

—Una hamburguesa —le dice el papá.

—Quiero un jugo de naranja y un sándwich de jamón —le dice la mamá.

—Yo quiero pizza con mucho queso —le dice Teresa.

—Y yo, una Coca-Cola bien grande —le dice Carlos.

El camarero sonríe y regresa a la cocina.

—Miren el mar. Es muy hermoso —dice el papá.

Todos observan el mar. Es de un color azul bonito y todos pueden ver el sol en la distancia. El papá les dice:

—No hay nada así en Ohio.

—Es muy cierto, papá. No hay nada en Ohio —le responde Teresa.

—No digas eso, Teresa. Ohio es bonito y es donde vivimos —le dice la mamá.

Carlos estudia a las personas allí en el restaurante. Hay otra familia con tres hijos. Están comiendo una pizza grande. También hay tres mujeres viejas en la mesa de al lado. Están jugando a las cartas y bebiendo Coca-Cola. Hay algunas parejas también. Una pareja es vieja. Carlos cree que son abuelos. Hay otra pareja que anda en ropa de playa. Tienen pelo negro.

Son muy guapos pero no se hablan. Carlos piensa que tienen algún problema porque nunca se hablan. No dicen nada.

Después los ojos de Carlos ven a una mujer en un rincón. Es alta. Tiene el pelo largo y liso. Su pelo es muy diferente porque es morado. Sus labios también son morados. Lleva un vestido azul con un suéter blanco. Tiene los brazos largos y delgados. No es hermosa pero Carlos sigue mirándola.

—Mira a esa mujer —dice Carlos—. Ella es la primera mujer que veo con el pelo morado.

—Estoy de acuerdo, Carlos. Ella es muy diferente. Y muy flaca —le dice Teresa.

—Aquí tienen Uds. la comida. Hay una hamburguesa, pizza, Coca-Cola y un jugo de naranja. También hay un sándwich de jamón —les dice el camarero cuando llega con la comida.

Todos comen y todos hablan. Hablan del crucero y del océano. Hablan de Ohio y Florida y México. Carlos no escucha. Está observando a esa mujer, la mujer con el pelo morado. Teresa tiene razón. La mujer realmente es diferente. Tiene los brazos largos y delgados. Ella es como un insecto. Sus brazos y piernas son como los brazos y piernas de un insecto.

La mujer insecto se sienta al lado de una

5

pareja en la mesa de al lado. Carlos se pregunta: "¿Es la hija de ellos?"

Ella les habla a ellos. Carlos trata de escuchar pero no oye nada. La mujer ríe. Después la mujer insecto hace algo. No es normal. Carlos está sorprendido. La mujer insecto pone la mano debajo de la mesa y agarra algo. Carlos no puede ver lo que agarró pero él sabe que tiene algo en la mano. Él trata de verlo. No ve nada. En un instante Carlos ve una luz brillante. La luz es como el reflejo de un diamante. La mujer insecto pone la cosa en el bolsillo de su vestido.

Carlos piensa que la mujer insecto robó algo. Ahora entiende que no es la hija de ellos. Es una ladrona. Les robó algo. Es terrible porque le robó algo importante a esa pareja vieja.

Carlos trata de no mirar. Piensa que no debe mirar pero es imposible. Mira y sigue mirando.

Carlos mira a la mujer insecto y la mujer insecto lo mira a él. No le gustan los ojos de la mujer. Son ojos malos y crueles. Piensa que son ojos de ladrona. Posiblemente son los ojos de una persona que mata. Seguramente son los ojos malos de una persona mala.

La mujer se levanta y anda lentamente. Anda como una persona que no tiene preocupa-

ciones. Anda como una persona honesta. Carlos piensa: "¡Oh, no! ¡Qué mujer tan mala!"

La mamá mira a Carlos y le dice:

—Carlos, ¿qué pasa? ¿Estás enfermo?

Carlos escucha a su mamá y se despierta de sus pensamientos.

—No, mamá, estoy bien. Estoy muy bien. No estoy enfermo. Me gusta el crucero.

Carlos bebe su Coca-Cola pero no se siente bien. Se siente mal, muy mal.

Ahora la mujer insecto sale del restaurante. Tiene algo en las manos o en el bolsillo de su vestido. Carlos sabe que tiene algo. La mujer tiene la apariencia de una persona mala. Sólo Carlos sabe por qué.

Capítulo 2
La tierra
de los mayas

Todos están comiendo. Todos tienen hambre. Todos menos Carlos. Carlos no tiene hambre. Carlos sólo puede pensar en la mujer insecto. Él no piensa en nada más que ella. No le dice nada a nadie acerca de ella. No sabe qué hacer. Se pregunta: "¿Quién es? ¿Por qué roba? ¿Por qué le robó algo a esa mujer vieja? ¿Qué robó? ¿Debe hablar con otra persona acerca de ella? Pero ¿con quién? No hay policías en el crucero." Carlos piensa en todo esto cuando la familia camina al restaurante para cenar.

Se sientan a la mesa. Hay lugares para seis personas. Carlos no sabe quién se va a sentar en los otros lugares.

—Tengo hambre —dice el papá—. La comida es buena. Es buena en todos los cruceros.

—Claro que es buena la comida —dice la

mamá—. Este barco se llama La Fiesta. La comida tiene que ser buena.

—¿Tienen pizza? —le pregunta Teresa—. Quiero comer pizza.

A Teresa le gusta la pizza más que nada. Sólo come pizza. No quiere comer otra cosa.

Carlos y su familia comen el pan que está en la mesa. Mientras comen, dos personas vienen y se sientan a la misma mesa. Carlos está muy sorprendido cuando ve quienes son. Es la pareja vieja.

—Hola —dice la vieja.

Ella les sonríe. Es muy simpática y es un poco gorda. Es muy similar a una abuela.

—Soy María Mendoza.

—Y yo soy Hugo Mendoza.

El hombre es muy viejo. No tiene mucho pelo. También sonríe mucho.

—Somos la familia Ayala —dice el papá—. Mucho gusto. Soy Roberto y ésta es mi esposa Mónica. Estos son nuestros hijos. El chico es Carlos y la chica es Teresa.

—Es un placer —dice la Sra. Mendoza.

Mira a Carlos y Teresa.

—Sus hijos son muy guapos.

La Sra. Mendoza es como su abuela. Sonríe como ella y habla como ella. Carlos se siente como un niño de cuatro años.

—Es un placer comer con Uds. El crucero es bonito, ¿no? —dice la mamá.

—Sí. Todo es muy hermoso —les dice la Sra. Mendoza—. Y es un placer comer con Uds.

—Es muy bueno conocer a personas como Uds. —les dice el señor Mendoza—. ¿De dónde son Uds.?

—Somos de Cincinnati. Somos de Ohio —dice el padre—. ¿Y Uds?

—Vivimos en Los Ángeles ahora. Tenemos muchos años en los Estados Unidos. Realmente somos de una isla en México. Se llama Cozumel. Está cerca de Cancún. Estamos emocionados porque vamos a visitar México. Es la primera vez en muchos años. El barco va a estar en Cozumel mañana.

—¿Cómo es Cozumel? —les pregunta la madre.

El Sr. Mendoza habla mucho de Cozumel y de México. Dice que es una isla tropical. Hay muchas playas bonitas. Hay muchos turistas. Hay muchas plantas. El océano es muy bonito. El agua es muy bonita y clara. Hay muchos corales y peces. Nunca hace frío.

—Es la tierra de los mayas —les dice la señora Mendoza.

Ella habla rápidamente como una persona emocionada.

—¿Quiénes son los mayas? —le pregunta Teresa.

—¿No sabes nada sobre los mayas? —le pregunta la Sra. Mendoza.

—¿Los mayas antiguos? ¿Ellos existen ahora? —le pregunta Teresa.

—Hay muchos mayas ahora. Los mayas comen comida maya. Hablan maya. Hacen mucho de lo que los mayas antiguos hacían. Nosotros somos mayas. Y somos un gran pueblo —le contesta la Sra. Mendoza.

—Es cierto —le responde Carlos—. Nosotros estudiamos a los mayas en nuestra clase de español.

Carlos sabe mucho de sus ciudades y su religión. Carlos sabe que los mayas eran muy buenos en matemáticas. El alfabeto de los mayas no era un alfabeto de letras. Era un alfabeto pictórico. Ellos dominaron una gran parte de México y Centroamérica por muchos años.

—Tengo una razón especial para visitar México —les dice la Sra. Mendoza—. Tengo un regalo para mi hermana. Ella vive en México ahora.

—¿Un regalo? —le pregunta Carlos.

—Sí. Es un collar. Es un collar de mi

abuela. No tengo hijos pero tengo un collar. El collar es parte de mi familia. Quiero dárselo a mi hermana Susana. Después ella puede dárselo a su hija —dice la señora Mendoza.

Carlos se siente triste. Ahora sabe que esa mujer le robó el collar a la señora Mendoza. Es un collar de la familia, un collar especial, un collar muy viejo. Carlos se pone muy enojado cuando piensa en esto.

—Queremos darle el collar en Chichén Itzá —les dice la señora Mendoza.

—¿Chichén pizza? ¿Qué es eso? —le pregunta Teresa.

—Chichén Itzá es una ciudad antigua de los mayas. Nosotros vamos a verla mañana o al día siguiente —les dice Carlos.

—Ya veo, ya veo —le dice Teresa.

—El Castillo allí es una pirámide. Es lo más impresionante de las ruinas —les dice la Sra. Mendoza—. En la pirámide maya es donde quiero darle el collar a mi hermana. Es un lugar muy especial para nosotros los mayas.

—Qué bueno —dice Teresa—. Una pirámide. ¿Es muy vieja, como las pirámides de Egipto?

—Sí, es muy vieja —dice el señor Mendoza—. El Castillo y Chichén Itzá estaban allí

13

muchos años antes de Cristóbal Colón.

—Qué interesante —contesta Teresa—.
El Castillo y Chichén Itzá son viejos, más viejos
que nuestro padre.

Teresa se ríe pero su padre no se ríe.

—Chichén Itzá es un lugar muy especial
para los mayas —les dice la Sra. Mendoza—. Mi
hermana va para allá y vamos a darle el collar.
Estoy muy emocionada de ver a mi hermana.

Hace muchos años que no la veo.

Carlos no sabe qué hacer. ¿Debe hablar de la mujer con los Mendoza? Mira los ojos de la señora Mendoza. Ella es muy simpática. Carlos no le puede dar las noticias malas del collar. Si ella sabe que no tiene el collar, va a estar muy triste. Carlos va a encontrar el collar. Va a buscar a esa mujer. Carlos va a encontrar el collar y dárselo a la señora Mendoza.

Capítulo 3
El secreto

—Estás de mal humor. ¿Por qué estás de mal humor? —le pregunta Teresa a Carlos.

Teresa se enoja con Carlos. Carlos está preocupado por los Mendoza. Se preocupa tanto que no se divierte en el crucero. Toda la familia se divierte menos Carlos. Los otros van a bailar pero Carlos no va con ellos. Los padres miran el mar pero Carlos no los acompaña. Ahora Carlos quiere buscar a la mujer insecto. Después de comer Carlos anda por todas partes del barco buscando a la mujer insecto.

—Carlos, ven con nosotros. Diviértete. Vamos a jugar. No estés de mal humor —le dice Teresa.

—No me molestes, Teresa. Estoy pensando en cosas más importantes —le dice Carlos.

—¿Por ejemplo? —le pregunta Teresa—. ¿Estás pensando en caminar un poco o dormir? Carlos, estamos en un crucero en el mar Caribe. Estamos en el crucero para divertirnos. Pero tú no te diviertes nada. No haces nada. Necesitas vivir, Carlos.

—Teresa, no tengo tiempo para divertirme. Tengo cosas importantes que hacer —le responde Carlos.

—Oh, sí, sí, como andar muy preocupado por el barco —le dice Teresa.

—No es eso —le dice Carlos.

—¿Qué? ¿Qué es lo que es? —le pregunta Teresa.

—Es un secreto —le dice Carlos.

—Me encantan los secretos. Dime tu secreto. No se lo digo a nadie. Tu secreto es mi secreto. Te lo prometo —le dice Teresa.

—Teresa, por favor, no se lo digas a nuestros padres. ¿De acuerdo? —le responde Carlos.

—No le digo nada a nadie. Tu secreto es mi secreto —le repite Teresa.

—¿Recuerdas a esa mujer diferente? La mujer que tiene la apariencia de un insecto.

—¿La mujer rara con el pelo morado?

—Sí, ella —le dice Carlos.

Carlos le dice todo. Le dice que la mujer insecto le robó el collar especial a la familia

Mendoza.

—¡Esto es terrible! —le grita Teresa—. Tenemos que encontrar a esa mujer terrible.

—¿Dónde está? Hace mucho tiempo que la busco. No la encuentro.

—¡Qué tonto eres, Carlos! No sabes dónde buscar —le dice Teresa—. Ella no va a andar por el barco. Pienso que va a los lugares populares. Va a las fiestas de medianoche. Va a los shows del crucero en la noche.

—Teresa, tú eres la que sabes todo. ¿Dónde está ella?

—Está en el bufé de medianoche. Es asombroso. Todos van y llevan ropa elegante. Hay música super buena y comida fenomenal. Ella va a estar allí. Es seguro.

—Es posible, Teresa.

—Vamos, Carlos. Vamos a buscarla.

—De acuerdo. Vamos.

—Y Carlos, diviértete. Sonríe.

****

Hay toda clase de comida por todas partes en el bufé de medianoche. Hay carne y queso, pescado y pollo, pan y mantequilla, helado y pastel, comida de México, comida de Italia, comida de Francia, comida de todas partes. ¡Comida! ¡Comida! ¡Comida!

Hay mucha gente en la cena. La gente lleva ropa elegante. Todos sonríen. Es una fiesta enorme.

Un grupo mexicano está tocando. El grupo se llama El Norteño. Todos están bailando.

Teresa tiene razón. Todos van a la comida de medianoche. Carlos quiere ver a la mujer insecto.

Carlos pide un helado. Teresa pide pizza con mucho queso. Los dos comen con gusto.

—Esta comida es maravillosa —le dice Teresa.

—Esto es muy divertido —le dice Carlos—. Estoy feliz.

Mientras come, busca a la mujer insecto.

—¿Ves a tu ladrona? —le pregunta Teresa.

—Todavía no —le dice Carlos.

—Va a venir. Todos vienen a la comida de medianoche —le contesta Teresa.

—Ya veo. Hay mucha gente aquí.

—¿Te gusta la música? —le pregunta Teresa—. Están cantando en español.

—Sí. Me gusta —le dice Carlos.

—Quiero bailar, Carlos. No sé bailar. Vamos a bailar. Tú puedes enseñarme a bailar —le dice Teresa.

Carlos come el helado y Teresa come la pizza. Los dos salen a bailar. Carlos le enseña a Teresa a bailar. Piensa que es extraño bailar con su hermana pero no importa. Las hermanas tienen que bailar también.

—Tú bailas muy bien —le dice Carlos.

—¿De veras? —le pregunta Teresa.

Carlos está bailando cuando ve a la mujer insecto. No lo puede creer. Allí está sentada a una mesa comiendo pan, queso y helado. Está sola en la mesa.

—Teresa —le dice Carlos—, mira. Allí está la mujer insecto.

Teresa mira.

—Tienes razón —le dice ella—. Esta noche se parece aún más a un insecto en ese vestido largo y negro.

—Sí, es cierto —le dice Carlos—. ¿Qué hago ahora? ¿Llamo a la policía? ¿Hablo con el capitán? ¿Hablo con nuestros padres?

—Habla con ella —le dice Teresa—. Dile

que sabes que ella robó el collar. Ella les va a devolver el collar a los Mendoza. Estoy segura.

Carlos tiene miedo. Y no quiere hablar con esa mujer mala. Le tiene miedo.

—Yo sé qué hacer —le dice Teresa—. Habla con ella e invítala a bailar contigo. Pueden hablar y bailar al mismo tiempo.

—No sé —le dice Carlos—. No quiero bailar con ella.

—Carlos, es importante. Los Mendoza necesitan tu ayuda.

Carlos camina hacia la mujer insecto.

—Disculpa —le dice—. ¿Quieres bailar?

La mujer insecto está muy sorprendida. Le dice a Carlos:

—Tú eres muy joven para mí. ¿Cuántos años tienes?

—No importa —le responde Carlos.

La mujer insecto es joven pero no tan joven como Carlos. Tiene unos 25 o 30 años.

La mujer insecto sonríe. Sonríe con la boca pero no sonríe con los ojos. Por fin le dice:

—Pues sí, vamos a bailar. Me gusta la música.

Carlos camina con ella. Tiene miedo. Quiere hablar con ella pero no sabe qué decirle.

Mientras bailan, empiezan a conversar.

23

Su nombre es Liba Tyler. Vive en Nueva York. Quiere ir a México para ver Chichén Itzá. No le habla a Carlos de su trabajo pero Carlos sabe que ella es ladrona.

Bailan dos canciones. Después Liba le dice a Carlos:

—Creo que te conozco. Creo que recuerdo. Te vi en el restaurante ayer.

Carlos tiene más miedo que nunca. Él le dice:

—Tú robaste un collar. Sé que robaste un collar. Sé que lo tienes ahora.

Liba Tyler no baila más. Con ojos fríos mira a Carlos. Le dice:

—No sabes nada.

—¡Dame el collar de los Mendoza! —le grita Carlos.

Liba le mira los ojos.

—Mira, niñito, no me hables más de eso. Vas a tener problemas. Vas a tener muchos problemas. No más. ¡BASTA YA! —le grita Liba.

Liba se va. Carlos está muy enojado. Quiere regresar a su dormitorio. No quiere hablar de nada. No quiere bailar. Sólo quiere dormir.

Capítulo 4
Chichén Itzá

—¡Estamos en Cozumel! ¡Me encanta Cozumel! Quiero muchas fotos —grita la madre mientras andan por las calles de San Miguel.

San Miguel es la única ciudad en la isla. Realmente no es una ciudad. Es un pueblo.

—Es hermoso —dice el padre—. Es como dicen los Mendoza. Miren el mar. Es precioso. Me encanta el color azul.

Hoy Carlos, Teresa y los padres salen para las ruinas de la ciudad antigua de los mayas. Salen para ver Chichén Itzá. Carlos está muy emocionado porque va a ver El Castillo. Quiere ver una ciudad que tiene 2.500 años. Quiere fotos de todo. Nadie vive en Chichén Itzá ahora. Los Ayala andan rápidamente por las calles de San Miguel. Necesitan llegar al barco que va para Playa del Carmen. Playa del Carmen está en la península de Yucatán. En Playa del

Carmen van a tomar un autobús para Chichén Itzá.

Mientras andan, Carlos ve a un policía en la calle.

—¡Esperen un momento! —les grita a los otros—. Ya los alcanzo. Voy a tomar unas fotos.

—Está bien —le responde la mamá—. Vamos a esperarte en esa tienda. Quiero comprar una camisa.

Los padres y Teresa van a la tienda y Carlos va hacia el policía. El policía está sentado en su carro. Es delgado con ojos pequeños. Carlos habla con él acerca del collar de los Mendoza y la mujer insecto.

—Es muy triste —le contesta el policía—. La pobre familia Mendoza. Lo siento mucho pero no te puedo ayudar. Necesitas hablar con un oficial del crucero. Puede ayudarte mucho más que yo.

—Por favor, señor policía. Ud. tiene que hacer algo. Los Mendoza son viejos. Esa mujer es terrible. Es ladrona.

—No puedo ayudarte. Tienes que encontrar un policía americano. Él puede ayudarte —le dice el policía mexicano—. Yo no puedo perseguir a los ladrones que vienen de los Estados Unidos. Es mucho trabajo y después regresan a los Estados Unidos y no tengo nada. ¿Comprendes? Es mucho trabajo para nada. Habla con el capitán del crucero. Él puede ayudarte.

—Gracias —le dice Carlos con una voz de enojo.

Se va triste y desilusionado. Piensa: "¿Así es? ¿La policía de aquí no me va a ayudar?" No hay policía en el crucero. Carlos no puede hacer nada. En los Estados Unidos, tampoco puede hacer nada. Los Mendoza van a regresar a Los Ángeles. Los Ayala van a regresar a Cincinnati. Y Liba Tyler va a volver a Nueva York con el collar de los Mendoza. Carlos trata de no pensar en esto. Posiblemente en los Estados Unidos pueda hacer algo.

Carlos regresa con su familia. Andan hacia el barco. El barco está listo para salir. Carlos y su familia se suben al barco.

—Hola, Carlos —le dice una voz en el

barco.

Carlos mira hacia atrás y ve a los Mendoza.

—Es un placer verte de nuevo —continúa el Sr. Mendoza.

—El placer es mío —le responde Carlos—. ¿Cómo está hoy?

—No estoy contento. No estoy nada contento —le dice el Sr. Mendoza.

Carlos sabe por qué la familia Mendoza no está contenta pero no les dice nada.

—Qué lástima. Éste es su día especial. Hoy van a ver Chichén Itzá —dice Carlos.

—Las cosas no van bien. Tenemos un gran problema. No sabemos dónde está el collar de la familia.

—¡Qué terrible! —les dice Carlos.

—Sí, es terrible —le dice la Sra. Mendoza—. Quiero llorar.

—Nosotros vamos a buscarlo y vamos a encontrarlo —le dice el Sr. Mendoza.

—Estoy triste porque hoy es el día en que quiero darle este regalo tan especial a mi hermana. Puedo mandarlo por Federal Express pero no es lo mismo —le dice la Sra. Mendoza—. Mi hermana y yo somos mayas. El collar es maya. Estamos en la tierra de los mayas. Quiero darle

el collar especial en la tierra de los mayas.

—Lo siento mucho —le dice Carlos.

Sonríe pero no dice más. El barco sale para Playa del Carmen. Todos miran el mar. Nadie está mareado excepto el papá. El papá está muy feliz cuando llegan al puerto de Playa del Carmen. Se bajan del barco y van directamente al autobús que les va a transportar a Chichén Itzá.

El autobús pasa por la selva. Hay muchas plantas y árboles. Es una selva grandísima. Hace mucho calor y el aire es muy húmedo. Pasan por pueblos pequeños y miran a la gente trabajando. Los hombres llevan guayaberas y las mujeres huipiles. Las guayaberas son camisas con cuatro bolsillos. Los huipiles son vestidos blancos. Están asombrosamente blancos.

Después de tres horas y media el autobús llega a Chichén Itzá. Todos se bajan. Carlos está observando. Carlos observa a Liba cuando ella se baja del autobús. Está sonriendo. Lleva una camiseta blanca con pantalones cortos azules. Lleva una bolsa al hombro. "¿Está el collar en la bolsa?", se pregunta Carlos.

Carlos ve a la pobre Sra. Mendoza. Ella está muy triste porque no tiene el collar. Carlos ve a Liba, la mujer insecto. Tiene que encontrar el collar para la señora Mendoza.

En un instante Carlos corre hacia Liba.

—¡Ladrona! —le grita.

Mira a la Sra. Mendoza y le grita:

—¡Esa mujer tiene su collar!

La señora Mendoza se pone pálida. Tiene miedo.

—Estoy seguro. Ella lo robó. Lo robó en el crucero.

—Hijo, ¿qué estás diciendo? ¿Estás loco?

—No, papá. ¡Esa mujer robó el collar! —le grita Carlos.

Carlos se da la vuelta pero Liba ya no está. Carlos ve que ella está corriendo hacia la antigua ciudad maya de Chichén Itzá.

Capítulo 5
El encuentro peligroso

—¡Mamá! ¡Papá! ¡Esa mujer es una ladrona! —les grita Carlos—. Sra. Mendoza, esa mujer tiene su collar. Lo robó de su bolsa cuando estábamos en el crucero.

—¡Qué terrible! —grita la señora Mendoza—. ¿Qué podemos hacer?

—Vamos a buscar un policía —les dice la mamá—. La policía la puede atrapar.

—Mi amor, la mujer mala ya no está. Está en la selva. La selva tiene muchos árboles. Es imposible encontrarla en la selva —le dice el Sr. Mendoza a su esposa.

—Sí, es cierto —le dice la señora Mendoza—. Es imposible encontrarla en la selva. Hay muchas plantas, árboles y animales.

—Pero ella no puede escapar —les dice Teresa—. Es una ladrona y tiene la evidencia.

—Más tarde podemos buscar a la policía pero ahora vamos a buscarla a ella —les dice Carlos—. No puede escapar. Somos muchos y ella es una sola.

—No más. Basta ya —contesta la señora Mendoza—. Estamos en México. Estamos en Chichén Itzá. Estoy feliz porque voy a ver a mi hermana. Es un día hermoso. No quiero pensar en esa mujer mala.

—Sí, María, tienes razón —le dice la Sra. Ayala—. Vamos a buscar a Susana y olvidarnos de la mujer insecto. ¡Vamos a buscar a la mujer insecto mañana!

Los señores Mendoza se agarran de la mano y andan lentamente por la calle. Están tristes cuando piensan en el collar pero tratan de no pensar en él. La familia Ayala anda por la calle también. Un grupo de niñas corre hacia ellos.

—¿Quieren comprar algo?

Las niñas andan con bebidas y collares. Llevan vestidos de muchos colores.

Las niñas son muy bonitas. La familia Ayala compra algunas cosas. Carlos compra agua. Hace mucho calor en México. Hace mucho más calor en México que en Ohio. Carlos quiere beber diez botellas de agua. Todo el grupo compra agua. Todos tienen calor y todos tienen sed. El agua está muy buena. Las niñas están muy contentas por el dinero que reciben.

En pocos minutos la familia Ayala está en la ciudad antigua de Chichén Itzá. Es emocionante estar en una ciudad antigua. Es difícil creer que los mayas de Chichén Itzá vivían aquí hace miles de años. No hay mucho en los Estados Unidos con miles de años de historia.

Andan y ven una pirámide muy grande. Se llama El Caracol. Entran y van al Caracol. Es muy grande. Los mayas estudiaban las estrellas desde El Caracol. Los mayas pensaban que la astronomía era muy importante. Pensaban que conocían a los dioses cuando estudiaban las estrellas.

Más tarde los Ayala van a donde los mayas jugaban un juego muy similar al fútbol americano. Hay una diferencia. Si no ganabas en este juego, perdías la cabeza. Carlos está contento de no vivir en ese tiempo.

Es emocionante estar en Chichén Itzá. La familia Ayala aprende mucho acerca de las personas que vivían allí antiguamente. Pero Carlos está pensando en los Mendoza. Está muy preocupado por sus problemas. Está triste por ellos. Carlos comprende por qué la Sra. Mendoza quiere darle el collar a su hermana aquí. Chichén Itzá es grande y muy bonito. Es fenomenal. Lo más fantástico de todo es El Castillo.

El Castillo es grande—súper grande. Carlos lo mira y piensa en las pirámides egipcias. Hay una diferencia obvia entre las pirámides egipcias y la pirámide maya. La pirámide maya es plana por encima. Carlos y Teresa quieren subir al Castillo pero hace mucho calor. Primero deciden sentarse debajo de un árbol y beber un refresco.

Más tarde Carlos y Teresa suben al Castillo. Los escalones son pequeños porque los mayas eran pequeños. Los pies de Carlos son muy grandes. Hace mucho calor pero suben y suben. Quieren ver la ciudad desde arriba. Cuentan los escalones. Hay 91. Cada escalón representa un día del año. La pirámide tiene cuatro lados. Y cada lado tiene 91 escalones. Encima de la pirámide hay un templo. El techo del templo es una gran plataforma. Esta plataforma representa el día número 365 del año.

Al fin están en la parte más alta de la pirámide. Lo miran todo. Todo es muy hermoso. Hay muchos árboles. Hay muchas plantas bonitas. Chichén Itzá es impresionante desde arriba. Todos los turistas miran. Miran la parte más an-

tigua de Chichén Itzá. Están muy impresionados con todo lo que ven.

—No me gusta —dice Teresa—. La pirámide es demasiado alta.

—A mí me gusta —le dice Carlos—. Es
fantástica.

—Sí, pero tengo miedo —le dice Teresa—. No me gustan los lugares muy altos. Me
voy a bajar.

—Sí, es muy alto —le dice Carlos—. ¿Es
posible caerse desde aquí?

—Si una persona se cae, se muere —le
dice Teresa.

Teresa comienza a bajar El Castillo. Carlos no baja. En un instante una persona le agarra del cuello. No puede respirar.

—Tú eres una cucaracha. Les dices todo a todos. Piensas que sabes mucho —dice la persona.

Es Liba Tyler. Carlos trata de escapar pero no puede. Carlos tiene miedo. Carlos tiene mucho miedo. En toda su vida no ha tenido tanto miedo.

Ahora Liba le suelta el cuello y Carlos puede respirar.

—Carlos, vas a caerte del Castillo. Vas a ser muy famoso porque vas a morir en Chichén Itzá. ¿Qué van a pensar tus padres? ¿Van a llorar? ¿Y tu hermana? ¿Qué va a pensar ella? No va a tener hermano. Va a estar sola con tus padres. Es muy triste, Carlos. Tu hermana va a llorar cuando te caigas del Castillo. Pobre Carlos—muerto y sólo tiene 16 años. Es muy triste.

—¡Eres mala! —le grita Carlos—. Robas y además eres una asesina.

—No soy una asesina —le contesta Liba—. Hasta ahora no lo soy pero no sabemos qué va a pasar en el futuro.

Liba se ríe. Se ríe como una persona muy mala. Liba no es simplemente la mujer insecto.

41

Es peor que un insecto. No hay nadie peor que la mujer insecto.

—¡Por favor! ¡Quiero irme! —le grita Carlos—. ¡Por favor! ¡Quiero irme ahora!

Liba agarra un cuchillo y se lo pone delante del cuello de Carlos. Anda hacia el borde del Castillo. Liba y Carlos están muy, muy cerca del borde.

—¡Quiero irme! —le grita Carlos.

—No es posible. Sabes demasiado. El collar de los Mendoza no es un collar normal. No es un collar típico. Ese collar tiene mucho valor. Es muy antiguo y vale millones de dólares.

—¿Cómo lo sabes? —le dice Carlos.

Carlos quiere hablar con Liba. Mientras Liba habla, no lo empuja.

—Conozco a Rosina Mendoza. Me dijo todo acerca del collar —contesta.

—¿Rosina Mendoza? ¿Quién es ella? —le pregunta Carlos.

—Es la hija de Susana, la hermana de María Mendoza. La Sra. Mendoza quiere darle el collar a ella. Pero no es posible. Ahora no. El collar es mío. Ellos no tienen el collar.

—¿Qué tipo de mujer eres? —le grita Carlos—. Le robas a una mujer vieja.

—Soy una mujer mala —le contesta

42

Liba—. Soy muy mala. Pero voy a ser una mujer mala y rica. Voy a ser rica si tú no haces nada. Pero si hablas con la policía, no voy a ser rica.

Carlos cierra los ojos. No sabe qué hacer. Si trata de escapar, puede caerse del Castillo. Piensa en su cuerpo cayendo del Castillo. Si se cae, se muere.

Carlos no sabe qué hacer pero sabe que es demasiado joven para morir.

Capítulo 6
El collar

—Carmen Ochoa, suelta el cuchillo.

Carlos escucha la voz de un hombre. No conoce a Carmen Ochoa. Y no sabe quién es el hombre que habla porque tiene los ojos cerrados y no conoce la voz.

Después Carlos abre los ojos. Mira a un hombre delgado. Es el policía de Cozumel. No lo puede creer.

—Carmen, no seas tonta —le dice el policía—. Suelta al chico.

—No —le dice Liba—, el chico va a morir.

El policía está muy calmado.

—Carmen, tienes muchos problemas. No necesitas más problemas. Suelta al chico.

Carlos escucha todo. Piensa: "Ella se llama Carmen. No se llama Liba. ¿Entonces quién es Liba?"

—Dame el cuchillo, Carmen —le dice el policía.

Carmen suelta el cuchillo. El policía lo recoge.

—Está bien, Carmen. Ahora, suelta al chico.

Carmen quita la mano del cuello de Carlos. Empuja a Carlos hacia el policía.

—¡Tú eres una cucaracha! —le grita Carmen.

A Carlos no le importa nada lo que grita Carmen. Está muy contento de estar vivo. No se cayó desde la parte más alta del Castillo.

El policía agarra a Carmen.

—Carmen, ¿por qué haces esto? ¿No aprendes nunca?

Dos policías más se suben a la parte más alta del Castillo. Agarran a Carmen del brazo. Le hablan a ella pero Carlos no les escucha.

Carlos camina muy despacio. Se siente enfermo y sus piernas están muy cansadas.

—¿Estás bien chico? —le pregunta el policía delgado.

Carlos no se siente bien pero no lo quiere admitir.

—Estoy bien. No me pasa nada —le dice Carlos.

—Estás un poco pálido —le dice el policía—. ¿Puedes bajar la pirámide sin problema?

—Sí, puedo bajar. Es mucho mejor bajar a pie que bajar por el aire.

El policía ríe. Carmen no ríe. El policía baja lentamente con Carmen. Carmen no se escapa. Carlos baja con las piernas muy cansadas.

Cuando llegan abajo, viene otro policía y Carmen va con él. El policía delgado acompaña a Carlos hacia su familia. Carlos está muy feliz cuando mira a su familia.

El policía les dice:

—Su hijo es un héroe.

—¿Quién? ¿Carlos? —le pregunta Teresa—. No lo creo.

El policía le sonríe a Teresa y le dice:

—Sí, es cierto. Carlos nos ayudó a capturar a una persona muy mala.

—¿Carlos? ¿Es cierto? —le pregunta el papá.

Cuando la mamá mira a Carlos le dice: —Carlos, ¿estás bien?

—Estoy bien, mamá. No me pasa nada —le dice Carlos.

—Carmen Ochoa es una ladrona. Es una persona muy mala. Les roba collares y relojes a muchas personas. Siempre les roba a las perso-

nas viejas. Siempre les roba a los turistas americanos.

—¡Qué terrible! —les dice la mamá.

—Hablé con Carlos en Cozumel. Yo pensé que no era nada. Después pensé en Carmen Ochoa —les explica el policía.

—¿Pero Liba es de Nueva York o Carmen es de Nueva York? —le pregunta Carlos—. ¿Cómo sabe Ud. el nombre de ella?

—Todos los policías en México la conocemos —le dice el policía—. No vive en Nueva York y no es americana. Vive en Mérida o Cozumel o Cancún. Si hay turistas en una ciudad, Carmen vive allí. Carmen vive en todas las ciudades que tienen turistas. Es una ladrona terrible. Les roba a muchos. Les roba a muchos turistas.

—Así que no se llama Liba —le dice Carlos.

—No. Ella usa muchos nombres diferentes —le dice el policía.

—¿Por qué está Ud. en Chichén Itzá? —le pregunta la mamá.

—Después de hablar con Carlos en Cozumel, vine a Chichén Itzá. Necesitaba saber si el chico hablaba de Carmen. Cuando llegué a Chichén Itzá, sabía que en realidad era la famosa Carmen Ochoa —les contesta el policía de Cozumel.

—Me gusta —dice Teresa—. Mi hermano. . . un héroe.

—Realmente eres un héroe, Carlos —le dice la mamá.

—Bien hecho, hijo —le dice el papá.

—Sí, Carlos, realmente bien hecho, ¡muy bien hecho! —le dice Teresa.

Mientras todos hablan, la familia Mendoza mira a la familia de Carlos. Otra mujer vieja está con ellos y también hay una chica muy joven y bonita con ellos.

—María, tenemos información muy importante para Uds. —dice la mamá.

—¡Qué bueno! Ésta es mi hermana Susana y ésta es su hija Rosina —les dice la Sra. Mendoza.

—Mucho gusto —les dicen todos.

—¿Qué información tienen para mí? —les pregunta la Sra. Mendoza.

—Carlos, diles —le dice el papá.

—La policía encontró el collar —les dice Carlos— y arrestaron a la ladrona también.

La Sra. Mendoza se pone muy feliz. Está muy emocionada y le pregunta:

—¿Dónde está?

Uno de los policías anda hacia ellos. En la mano tiene un collar hermoso. El collar es de oro. Tiene la apariencia de una estrella de oro con jade en las puntas y un diamante en medio.

La Sra. Mendoza toma el collar. Ahora está muy contenta.

—Gracias —les dice a Carlos y al policía—. Gracias por todo. Gracias por encontrar el collar.

—De nada —le dice Carlos.

—No es nada —le dice el policía.

—¿Qué dicen Uds.? —les pregunta la Sra. Mendoza a Susana, a Rosina y al Sr. Mendoza—. ¿Quieren subir El Castillo como nuestros antepasados?

—Sí —dicen todos—, y arriba podemos darle el collar a Rosina.

— Éste es un día muy especial para ellos —dice la mamá— gracias a Carlos.

Carlos se pone rojo.

—Vamos a comer —les dice Carlos—. Tengo hambre.

—Buscar ladrones puede dar hambre — le dice el papá.

Los Ayala se ríen. El policía le da las gracias a Carlos de nuevo y se va. Carmen ahora no está. Carlos sabe que todo va a resultar bien. Es la experiencia más increíble de su vida.

Glosario

The words in the vocabulary list are given in the same form (or one of the same forms) that they appear in in the text of El viaje de su vida.

Unless a subject of a verb in the vocabulary list is expressly mentioned, the subject is third-person singular. For example, agarra is given as only grabs. In complete form this would be she, he or it grabs.

The infinitive form of verbs is given as to … For example, ayudar is given as to help. The context in which the infinitive is used affects the translation. In some contexts, it would be just help. In others, it would be helping. One or two pronouns are sometimes attached to the end of the infinitive, for example, buscarla, which means to look for her, and to the end of the present participle, as in mirándola, meaning looking at her.

allá there
a to, at
abajo below, down
abre opens
abuela grandma
abuelos grandparents
acerca: acerca de about
acompaña goes with
acuerdo agreement
  estoy de acuerdo I agree
  ¿de acuerdo? Do you agree?
agarra grabs
  le agarra el cuello grabs his
  neck
agarran they grab
  agarran a… del brazo they
  grab… by the arm
  se agarran de la mano they
  hold hands
agarró grabbed
agua water
ahora now
aire air
al to the, on the
  bolsa al hombro bag on
  the shoulder
  mesa de al lado next table
alcanzo I reach
  ya los alcanzo I will catch
  up to you
algo something
algunas some

allá there
  para allá (to) there
allí there
alto tall
amor love (noun)
anda walks
antepasados ancestors
antes (de) before
antigua old, ancient
antiguamente in antiquity,
  long ago
año year
  ¿Cuántos años tienes? How
  old are you?
apariencia appearance
aprende learns
aprendes you learn
aquí here
árbol tree
arrestaron they arrested
arriba above, up on top
asesina kills
así like this
  así es that's the way it is
  así que so
asombrosamente amazingly
asombroso amazing
atrapar to catch
atrás behind
aún even
autobús bus
ayer yesterday

ayudar to help
ayudarte to help you
ayudó helped
azul blue
baila dances (verb)
bailar to dance
baile dance (noun)
baja: se baja gets out, goes down
bajan: se bajan they get off
bajar to lower, to go down
  me voy a bajar I'm going to go down
baño bathroom
barato cheap
barco boat
basta: basta ya that's enough
bebe drinks (verb)
bebida drink (noun)
bebiendo drinking
bien very, well, OK
  bien grande really big
bienvenidos welcome
blancos white
boca mouth
bolsa bag, purse
bolsillo pocket
bonita/o pretty
borde edge
botellas botles
brazo arm
buena good

bufé buffet
busca looks for
buscarla to look for her
cabeza head
cada each, every
cae: se cae falls
caerse to fall
caigas: te caigas you fall
calle street
calmado calm
calor heat
  hace calor it's hot (weather)
  tienen calor (they) are hot (people)
camarero waiter
camas beds
camina walks
camisa shirt
camiseta t-shirt
cansadas tired
cantando singing
Caracol Observatory
caras faces (noun)
Caribe Caribbean
carne meat
carro car
cartas playing cards
Castillo Castle
cayendo falling
cayó: se cayó fell
cena dinner
cenar to have dinner

cerca: cerca de near
cerrados closed
chica girl
chico boy
cierra closes
cierto certain, true
ciudad city
clara clear
clase class, kind
   toda clase de all kinds of
cocina kitchen
collar necklace
come eats
comida food, meal
comiendo eating
comienza (a) begins (to)
como like, as
cómo how?
   ¿Cómo es … ? What is …
  like?
compra buys
comprendes you understand
con with
conoce knows (a person),
  meets, is familiar with,
  recognizes
   conoce la voz he recognizes his voice
conocemos: los policías
  la conocemos we policeman
  know her
conocer to meet

conocían they knew, they
  were meeting
conozco I know
contento happy
contesta answers (verb)
contigo with you
corre runs
corriendo running
cortos short
cosa thing
cree believes
creo I believe
Cristóbal Colón Christopher
  Columbus
crucero cruise, cruise ship
cuando when
cuántos how many
cuarto room
cucaracha cockroach
cuchillo knife
cuello neck
cuerpo body
da gives
  se da la vuelta turns around
dame give me (command)
darle to give her
dárselo to give it (to her)
de of, from
debajo: debajo de below, under
debe should
decir to say, to tell

del of the, from the, about the
delante de in front of
delgado thin
demasiado too much, too
desde from
desilusionado disappointed
despacio slowly
despierta: se despierta wakes up
después afterwards, later
  después de after
día day
  veinticuatro horas al día 24 hours a day
diamante diamond
dice says, tells
diciendo saying
dientes teeth
difícil dificult
digas: no digas don't say (command)
digo I tell
  no se lo digo a nadie I won't tell anybody
dijo she told
dime tell me (command)
diles tell them (command)
dinero money
dioses gods
disculpa excuse me
divertido fun (adjective)
divierte: se divierte has fun,
has a good time
diviértete have a good time, have fun (command)
dominaban (they) dominated
donde, dónde where
dormir to sleep
dormitorio bedroom
duermas you sleep
e and
egipcias Egyptian
Egipto Egypt
ejemplo example
  por ejemplo for example
él him, he, it
ella her, she
ellos them, they
emocionado excited
emocionante exciting
empuja pushes
empujando pushing
en in, on, at
encanta: me encanta I love
encima above, on top
  por encima on top
encontrar to find
encontró found
encuentran they find
encuentro encounter
enfermo sick
enoja: se enoja con gets mad at

enojado mad, angry
enojo anger
enseña teaches
enseñarme to teach me
entonces then
entra (en) enters, goes in
entre between
era was
eran (they) were
eres you are
es is
esa, eso that
escalón step
escapa escapes
escapar to escape
escucha listens, hears
esperarte to wait for you
esposa wife
esta, ésta this
está is
  está de viaje is on a trip
estados states
Estados Unidos United States
estaban (they) were
estábamos we were
estamos we are
estar to be
este this
estés: no estés don't be
esto this
estoy I am
estrella star

estudia studies (verb)
estudiaban (they) studied
estudiamos we study or we
  studied
explica explains
extraño strange
favor: por favor please
felices, feliz happy
fiesta party
fin end
  por fin finally
flaca skinny
fotos pictures
  tomar fotos to take pictures
frente front
frío cold
  hace frío it's cold (weather)
fuerte loud
ganabas you won
gente people
gordo fat
gran great, big
  gran parte large part
grande big
grandísima very large
grandota tremendous
grita screams, shouts
gritando shouting
grupo group
guapos good-looking
guayabera man's fancy native
  shirt

gusta is pleasing
  le gusta is pleasing to him/her
  me gusta is pleasing to me
  te gusta is pleasing to you
gustan are pleasing
  le gustan are pleasing to him/her
  me gustan are pleasing to me
gusto pleasure
  mucho gusto nice to meet you
ha has
habla talks
hablaba (de) he was talking (about)
hablan they talk
hablando talking
hablar to talk
hablé I spoke, I talked
hables: no me hables don't talk to me (command)
hace makes, does
  hace miles de años thousands of years ago
  hace muchos años que no la veo I haven't seen her for many years
  hace mucho tiempo que la busco I've been looking for her for a long time

hacer to do, to make
hacia towards
hago I make, I do
hambre hunger
  tiene hambre is hungry
hamburguesa hamburger
hasta until
hay there is, there are
hecho done, made
  bien hecho well done
helado ice cream
hermana sister
hermano brother
hermoso beautiful
hija daughter
hijo son
hijos children
hola hi
hombre man
hombro shoulder
horas hours
hoy today
huipil white native dress
humor mood
  de mal humor in a bad mood
importa matters (verb)
impresionados impressed
impresionante impressive
increíble incredible
interesante interesting
invítala invite her

ir to go
quiero irme I want to leave
isla island
jamón ham
joven young
juego game
jugaban they played
jugando (a) playing (not music)
jugar to play
jugo juice
  jugo de naranja orange juice
la her, it
  la que she who, the one who
labios lips
lado side
  al lado de beside
  mesa de al lado next table
ladrona robber, thief
ladrones thieves
largo long
lástima pitty, shame
  qué lastima too bad, what a shame
le (to) her, (to) him
  le agarra el cuello grabs his neck
  no conoce la voz he doesn't recognizes the voice
  le robas a una mujer you steal from a woman
lentamente slowly

les (to) them, from them
letras letters (alphabet)
levanta: se levanta gets up
liso straight, smooth
listo ready
llama calls
  se llama is called, is named
llega arrives, gets to
llegué (a) I arrived (in), I got (to)
lleva wears, is wearing
llorar to cry
lo it, him
  lo miran todo they look at everything
  lo que what
  ¿Qué es lo que es? What is it?
  todo lo que everything that
loco crazy
los the, them
  los Ayala the Ayalas
lugar place
luz light
madre mother
mal, malo, malos bad
  qué malo that's awful
mandarlo to send it
mano hand
mantequilla butter
mañana tomorrow
mar sea

maravillosa marvelous
más more, most
  dos policías más two more
  policemen
  la parte más alta the highest
part
  más que nada more than
  anything
  más … que more … than
mata kills
maya Mayan
media half
medianoche midnight
medio middle
  en medio in the middle
mejor better
menos except
mesa table
  mesa de al lado next table
mi my
miedo fear
  ha tenido más miedo he
  has been more afraid
  (le) tiene miedo is afraid
  (of her)
mientras while
miles thousands
mío mine
mira looks (at); look (at)
(command)
miran: se miran (they) look at
each other

mirando looking (at)
mirándola looking at her
miren look at (command)
mismo same
  lo mismo the same thing
molestes: no me molestes
  don't bother me
morado purple
morir to die
muere: se muere dies
muerto dead
mujer woman
muy very
nada nothing
  más que nada more than
  anything
nadie no one
naranja orange
necesita needs
necesitaba I needed
negro black
ni neither, nor
ni … tampoco not … either
niñas little girls
niño little boy
niños little children
noche night
nombre name
norteño northern person
nosotros we, us
noticias news
nuestra/o our

nuevo new
  de nuevo again
número number
nunca never
o or
observando observing
obvia obvious
oficial officer
oír to hear
ojos eyes
**olvidarnos: vamos a olvidar-
  nos de** let's forget about
oro gold
otro another, other
oye hears
padre father
padres parents
palabras words
pálida pale
palmeras palm trees
pan bread
pantalones pants
  pantalones cortos shorts
para for, in order (to)
  para allá (to) there
parece appears
se parece a looks like
pareja couple, pair
parte part
  (por) todas partes everywhere
pasa passes, spends (time), is

happening
  no me pasa nada nothing is
  wrong with me
pasar to happen
pastel cake
peces fish (plural)
películas movies
peligroso dangerous
pelo hair
pensaban (they) thought
pensamientos thoughts
pensar (en) (to) think (about)
  lo va a pensar he's going to
  think about it
pensé I thought
peor (que) worse (than)
pequeñas small
perdías you lost
pero but
perseguir pursue
pescado fish
pictórico pictorial
pide orders
pie foot
  a pie on foot
piensa (en) thinks (about)
piernas legs
pies feet
pirámide pyramid
placer pleasure
plana flat
playa beach

pobre poor
poco little (quantity)
  un poco a little
podemos we can
(el) policía (the) policeman
(la) policía (the) police
pocos a few
pollo chicken
pone puts
  se pone becomes, gets, turns
  se lo pone puts it
populares popular
por through, for
  por encima on top
  por fin finally
  por mucho tiempo for a long time
  por todas partes everywhere, all over the place
por qué why
porque because
posiblemente possibly
precioso gorgeous
pregunta asks
  se pregunta wonders, asks himself
preocupa: se preocupa worries (verb)
preocupaciones worries (n)
preocupado (por) worried (about)

primera/o first
prometo I promise
  te lo prometo I promise you
pueblo people, town
puede can
pueden you (plural) can
puerta door
puerto port
pues well, then
puntas points
qué what, how, what a
  qué bueno great, very good
  qué interesante (how) interesting
  qué tonto what a fool, how stupid
que that, than
  más ... que more ... than
  peor ... que worse ... than
queremos we want
queso cheese
quién(es) who, whom
quiere wants
quita takes off
rápidamente quickly
rara rare, unusual, strange
razón reason
  tiene razon is right
realidad reality
realmente really
recibe receives
recoge picks up

recuerda remembers
recuerdo I remember
reflejo reflection
refresco soft drink
regalo gift
regresa returns, goes back
regresar to return
relojes watches (noun)
repite repeats
respirar to breath
resultar to turn out
rica rich
ríe laughs
riendo laughing
rincón corner
rizado curly
roba steals
robas: le robas a una mujer you steal from a woman
robaste you stole
robó stole
rojo red
ropa clothing, clothes
sabe knows
sabes you know
sabía I knew
sale leaves, goes out
se himself, herself, itself, themselves; each other
  se hablan they talk to each other
  se llama *it is* called, calls

(himself, herself)
  se lo pone puts it
  se miran they look at each other
  se pregunta asks himself, herself
  se sube gets on, in
sé I know
  sé bailar I know how to dance
seas: no seas don't be (command)
sed thirst
  tiene sed they're thirsty
segura sure, certain
seguramente definitely
selva jungle
sentado seated, sitting
sentarse to sit down
ser to be
si if
siempre always
sientan: se sientan they sit down
siente: se siente feels
siento: lo siento mucho I'm very sorry
sigue continues, keeps (on)
siguiente following, next
  al día siguiente the next day
simpática nice
simplemente simply

sin without
sol sun
sola alone
sólo only
somos we are
son (they) are
sonríe smiles
sonriendo smiling
sorprendido surprised
soy I am
Sra. (señora) Mrs.
su his, her, their, your
suben they climb
se suben a they get on, they climb
subir to climb
suelta lets go of; let go of (command)
suéter sweater
también too, also
tampoco neither
ni … tampoco not … either
tan so, as
tanto so much
tarde late
te you
tenemos we have
  tenemos muchos años en we've been in … for many years
tenido: ha tenido más miedo he has been more afraid

tengo I have
  tengo hambre I'm hungry
tiempo time
  por mucho tiempo for a long time
tiene has
  tiene hambre is hungry
  tiene que has to
tienen they have
  tienen calor they're hot (people)
  tienen sed they're thirsty
tienda store
tierra land
típico typical
tipo type, kind
tocando playing (music)
todas all
  por todas partes all over the place, everywhere
todavía still
  todavía no not yet
todo all, everything
  de todo all kinds of things
todos everybody, all
  todos los que everyone who
toma takes
tomar to take
tonto fool, silly, stupid
  qué tonto what a fool, how stupid

trabajan (they) work
trabajando working
trabajo work, job
trata (de) tries
triste sad
tus your
Ud. (usted) you
Uds. (ustedes) you (plural)
último last
única only
unidos united
unos some, about, a few
usa uses
va goes, is going
  se va leaves, goes away
vacaciones vacation
  de vacaciones on a vacation
vale it is worth
valor value
  tiene valor is valuable
vamos let's go, we're going
van they're going, they go
vaya goes
ve sees
veo I see
  la primera mujer que veo
  the first woman I've seen
ven they see; come (command)
veces times, instances
  a veces sometimes
veinticuatro 24

veras: de veras really
venir to come
ver to see
  verla, verlo to see it
  verte to see you
vergüenza shame, embarrass-
  ment
vestido dress (noun)
vez time, instance
  en vez de instead of
vi I saw
viajan they're traveling
viaje trip
  está de viaje is on a trip
vida life
vieja old
viene comes
vine I came
vive lives, is living
vivían (they) lived
vivimos we live
vivos alive
volver to return
voy I go
voz voice
vuelta: se da la vuelta turns
  around
ya now, already

THE AUTHORS

Lisa Ray Turner is a prize-winning. American novelist who writes in English. She teaches writing and music and is the sister of Blaine Ray. She lives in Littleton, Colorado.

Blaine Ray is the creator of the language teaching method known as TPRS (Teaching Profiency through Reading and Storytelling) and author of numerous materials of teaching French, Spanish, German, Italian, Russian and English. He gives workshops on the method all over the world. All of his books, videos and materials are available from TPRSBooks.com.

Level 1 novels

Pobrecita Ana, va uno por uno
Under 100 unique words

Ana, a 13-year old girl from California, is disappointed with the lack of friends that she has in her community. When she gets an opportunity to go to Guatemala for a visit, her mother encourages her that she can handle anything she faces one by one.

Daniel el detective
Under 150 unique words

Daniel lives in Spain and dreams of becoming a detective like Sherlock Holmes. He receives a ticket for La Tomatina, a famous tomato throwing festival, and he can't wait to go with his friends. When Daniel wakes up in the morning, he discovers his ticket is missing! Will Daniel be able to put together the clues to find the missing ticket and attend La Tomatina?

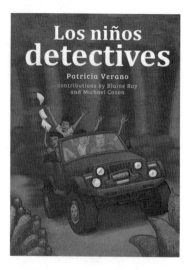

Los niños detectives
100 unique words

Alberto is a curious boy that lives with his family in Bolivia. His dad is a scientist and hopes that he follows in his footsteps. Unfortunately, Alberto is not interested in science and prefers drawing everything that he sees. One day, Alberto and his friend Pedro witness something suspicious and end up combining their talents in order to solve a mystery that involves saving missing animals.

Pobre Ana
Under 150 unique words

Ana is a bit jealous of all the things her friends have and is fed up with all the problems she has with her family. She decides to travel to Mexico for the summer in order to get away from it all. She ends up learning a lot about Mexico, other families, and herself.